無我의 강

지혜사랑 313

無我의 강

김형식 시집

시인의 말

― 行으로 쓰는 詩의 얼골 ―

　문득 나 자신을 돌아봅니다.
　삶의 굽이굽이마다, 때로는 슬픔과 아픔이, 때로는 웃음과 연민이, 때로는 왜곡된 역사가 저에게는 무거운 짐이 되었습니다.
　그러나 그럴 때마다 '우리'를, '자연'을, '역사'를 품어 안게 해 주신 많은 인연들이 수레가 되어 주었습니다.

　이번 여덟 번째 시집 '無我의 강'은 집착을 내려놓고, 흐르는 강물처럼,
　그 모든 경계를 넘어,
　조용히 세상을 품어내고 싶었으나
　이 역시 아직은 집착임을 깨달았습니다.

　시를 쓴다는 것은 나를 비워낸
　그 자리에 더 넓고 깊은 세상을 담아내는 일이며, 나에게 시는
　몸으로 쓰는 얼골입니다.

　자연과 가족, 스승과 이웃,
　그리고 이 땅의 아픈 역사까지,

제가 만난 모든 인연들과 함께
이 '無我의 강'을 건너가고 싶습니다.

부족한 저의 시를 읽어주신 분들에게 작은 희망의 씨앗이
되었으면 합니다.

모든 인연에 감사드립니다.

2025년 여름
정문골 토굴, 開元房에서
인묵 김형식 합장

차례

시인의 말 ───────────────── 4

1부 하현달

하현달 ───────────────── 12
별 ───────────────────── 13
사제지간 — 장무상망長毋相忘 ── 14
눈에 밟힌다 ─────────────── 16
그 길 지날 때마다 ─────────── 18
떨이요, 떨이 ────────────── 19
어린 왕자가 심어 놓고 간 꽃씨 ── 20
한강 ───────────────── 22
적막을 깔고 앉아 ─────────── 23

2부 말몰이 침묵

혼밥 친구 ─────────────── 26
우리 인생도 그래 ─────────── 27
풍경 ───────────────── 28
악수 ───────────────── 29
사천왕 ──────────────── 30
아내의 빈자리 ───────────── 31
부모마음 ─────────────── 32
말몰이 침묵 ───────────── 33
민족의 혼불 ───────────── 35

3부   말 그 너머에

관세음보살 ——————————— 38
선문답 ——————————————— 39
말 그 너머에 ——————————— 40
쑥국 그 맛 ——————————— 41
나룻버 ——————————————— 42
諧謔이 있는 문 ————————— 43
꾸역꾸역 ——————————— 44
정금신인 ——————————— 46
녹명鹿鳴 ——————————— 47

4부   새록과 초록사이

봄살이 ——————————————— 50
추석선물 ——————————— 51
달구犬의 친구 ————————— 52
무無사히 ——————————— 53
경애주敬愛酒 한 잔 ——————— 54
치부 ————————————— 55
길 —————————————————— 56
오매 단풍 내려 으네 —————— 57
상견례 ——————————————— 59
새록과 초록사이 ———————— 60

7

5부   無我의 강

이래도 되는가 —————————— 64
누가 수행자인가 —————————— 65
공부인 ——————————————— 66
신이 내게 준 선물 ————————— 67
시집살이 —————————————— 68
고부간 ——————————————— 69
無我의 강 —————————————— 70
시인이여 —————————————— 72
수박 ———————————————— 73

6부   임자

오장 칠부 —————————————— 76
정문골 도반 ————————————— 77
머슴 ———————————————— 78
임자 ———————————————— 79
도가니 속 예술 ———————————— 81
빗자루 ——————————————— 82
미안합니다, 아버지 ——————————— 83
숨과 심박 —————————————— 84
때늦은 후회 ————————————— 85

7부 산 늙은이 열 손가락에 울어 愛는 가얏고

삼배의 예 —————————— 88
벽시계 ————————————— 89
꽃샘추위 ———————————— 90
인간이 재단할 수 없는 무늬 ——— 91
산 늙은이 열 손가락에 울어 愛는 가얏고 — 92
애도哀悼 ————————————— 94
천상의 꽃 ———————————— 95
지옥을 보고 있다 ———————— 96

8부 역설적인, 더 역설적인

지지베베 ———————————— 98
역설적인, 더 역설적인 ————— 99
까불지 말라 —————————— 102
공생 —————————————— 103
씨앗 —————————————— 104
조난 신고 ——————————— 105
세종누리 ———————————— 106
여행 중 ———————————— 109
소목장 허씨네 가훈 ——————— 111

9부   검지가 없다

지음 ——————————————— 114
허공 무너지는 소리 ————————— 115
부활 ——————————————— 116
검지가 없다 ————————————— 117
갈매기 운다 ————————————— 119
까맣게 잊고 살았던 내 이름 석자 ——— 121
낚시 ——————————————— 122
단풍의 이름으로 다시 붉게 돌아와 ——— 123

발제문 · 한하운 시인 詩聖 추대 발제문 ——— 126
별첨 · 詩聖 한하운 누구인가 ——————— 130
해설 · 자연과의 교감으로 얻은
    허정虛靜의 세계 · 황정산 ——————— 141

1부
하현달

- 일러두기

  페이지의 첫줄이 연과 연 사이의 띄어쓰기 줄에 해당할 경우 >로 표시합니다.

하현달

모처럼
산중 초막이
달빛으로 북적거리더니

추석 쇠고
떠나는 자식들
배웅하는데

"할비 같이 가자"
울어버린 손녀

도연이가 할비 닮았다며
눈물 감추는 어미

떠나는
뒷모습에

하현달 따라나선다

별

내 안에
모시고 있는 어머니는

진즉 돌아가시고
내 곁에 안 겨시지만

하늘에
별이 되어
자나 깨나
나와 함께하신다

이 세상일 끝내고
나 저승 가는 길에도 동행하실 것이다

사제지간
— 장무상망長毋相忘

황량한 설원 가운데
갈필로 그린 소나무 두 그루
비스듬히 앉쳐놓은 토담집
왼쪽에 잣나무 두 그루

오른쪽 상단에
세한도歲寒圖라 쓰고
그 옆으로 우선시상藕船是賞*이라 적는다
그 밑에 또 늙은 소나무 가지 길게 꺼내 받쳐 들고
오른쪽 하단에는
"오래오래 우리 서로 잊지 말자"
장무상망長毋相忘**이라 새긴 인장을 찍었다

연경에 다녀올 때마다 위리안치圍籬安置 된 유배지, 제주도를 찾아준 제자 이상적에게
그가 나의 오래된 스승과 벗으로부터 구해 온 책과 반가운 소식 전해줄 때마다 이 빠진 늙은이 끄억끄억 눈물 삼켰던 추사, 발문에 '슬픈 마음으로 완당 노인 쓰다' 적고
완당阮堂 김정희金正喜라 새긴 낙관
꾹 눌러 찍었다

제자 우선이 세한도를 들고

청나라 연경에 가니 열여섯 문사들이 강남제비 반기듯 앞다투어 제화시題畵詩 더하고 더해 그 길이가 14미터에 이르네

　　세한도에는 바람이 없다
　　설한풍 이미 지나간 후였다

　　세한연후歲寒然後에야 소나무와 잣나무의 푸른 절개를 볼 수 있다는 옛 성인 태사공太史公과 공자의 잠언을 빌려 사제지간의 우정을 오롯이 담아낸 추사의 세한도

　　오늘은 스승의 날

* 李尙迪(1803~1865), 호는 우선藕船, 시인, 역관
* 우선시상藕船是賞 : 상적이 이것 보시게
** 우리 오래도록 서로 잊지 말자

눈에 밟힌다

메콩강변 몽족 야시장
군침 도는 먹거리와 수공예품
작고 왜소하기만 한 몽족
구경꾼들을 구경하면서
야시장에 빠져든다

한켠, 철 지난 뜨개 소품 몇 점 바닥에 깔고 앉은
어린 자매와
젖먹이 아이 안고 있는 여인
그 모습에 발길이 잡힌다

저녁은 먹었을까

한참 바라보다
시장 한 바퀴 돌아
떡볶이 한 그릇 사들고
다시 찾아가 보니
그대로다

옛날에 긴 봄날 녹동 부둣가
해넘이 저잣거리
미나리 푸성귀 팔던 여인

"너희들만 보고 있으면
배가 부르다"
하시던 우리 어머니

눈에 밟힌다

그 길 지날 때마다

석촌역 7번 출구
'상추 한 묶음 3천 원'
써놓고 앉아계신 할머니

배춧잎 한 장 건네고
검정 봉투 받아 든 젊은이

거스름돈
챙겨 가라는
할머니에게 꾸벅

손사래 뒤로하고
뚜벅뚜벅 앞서간다

그 길
지날 때마다

떠오르는 젊은이

떨이요, 떨이

"여보게 젊은이야
이것 좀 사 가시게"
해 질 녘 횡성 장터
푸성귀 팔고 있는 할머니
나는야 많이 먹었어
두고두고 잡수시게

젊을 땐 전혀 몰러
이놈의 세월
낙엽은 이렇게 지는데도
그놈은 안중에 없어
한이 있는 육신으로
끝없는 망상만 쫓고 있거든

이놈들아 봄이 온다
꼬듣기지 말거라
네놈들은 울긋불긋
세월 가는 줄 모르지만
먹는 건 나이뿐이다

떨이요
떨이요, 떨이

어린 왕자가 심어 놓고 간 꽃씨

비수면내시경 중이다

화두가 내시경을 따라
위속으로 들어선다
들숨 날숨, 숨은 길게
위속을 수색한다

내시경이 화두가 되고
화두가 내시경이 되고
둘이 하나가 되어
사하라 사막을 뒤지고 다닌다

어둠 속에 펼쳐지는
불안 초조 인식의 제전

이 뭣고? 용종이다
어제저녁에 어린 왕자가 다녀 갔어 별 B-612, 제 고향에서 가져온 꽃씨 심어 놓고 간 거야

어린 왕자가 말했지
별에는 보이지 않는 꽃이 있어 아름답고,
사막은 어딘가 우물이 숨어 있어 아름답다고

>
그 양¥*이 꽃을 먹을 것인지 안 먹을 것인지 나는 모른다
그러나 분명한 것은 나의 인생이 달라질 것이다

* 어린 왕자에게 그려준 羊

한강

당신은
無我의 강을 건넜습니다

눈물 납니다

당신의
노벨문학상 소식

그냥 좋아서 훔치고 있는 눈물

한강!
대한의 딸이여!!
민족의 영웅이여!!!

24년 10월 10일

적막을 깔고 앉아

아직도 잔설 위에는
고라니 발자국 선명하다
뭣고를 기다리고 있다

뭣고는 나의 예견
그리고 내가 짖고 있는 화두

녀석은 고라니와
어울려 앞서거니 뒤서거니
탑돌이 하던 나의 도반이었는데

달포 전
감쪽같이 사라졌다
그 후 토굴은 빈 주막이었다

적막을 깔고 앉아
비몽사몽 어둠을 짖고 있다

뭣고 이 녀석
갑자기 눈앞에 나타나
술상 내놓란다

\>
주거니 받거니

선정에 취해
어둠을 밝히고 있다

# 2부
## 말몰이 침묵

혼밥 친구

가자
밥 먹어야지

점심은
뭣으로 할까

냉면집에 앉아
나는
나에게 물냉면 대접하고 있다

잘 먹어야 해

고맙다
친구야 잘 먹고 있다

우리 인생도 그래

친그야

여름
지겹다고
노하지 말게

가는 세월
다시 오지 않아

우리 인생도 그래

풍경

처마 끝에
달아매 놓은
큰스님 법어 한 마리

뎅그렁 덩그렁
자꾸만 바다로 가겠단다

동자승 지나치자

바람이 얼른 일어나
잡아 준다

뎅그렁 덩그렁 뎅그렁

악수

까짓것
잘못 둘 수도 있지

그래 있어

다시
일어설 수 있도록
손 내밀어

잡아 주는 거야

친구야 힘내
삼서 판은 해야 될 것 아니야

사천왕

이노 옴,

너의 죄를 알렸다

……

아이고
이 죄 많은 놈아

아내의 빈자리

이른 아침
울 긑에 자주만 눈이 간다

백합이 곱게 피어 있다

어제
아내가 서있던

그 자리에

부모마음

가을이 가을 하더니
벌써 겨울 한다
살을 에는 삭풍

곱게 키운 단풍
상강霜降이 엊그제 같은데
벌써 눈 내리고 얼음이 얼었네

시집살이
옛말은 아니야
철부지 저 녀석
이 겨울 어떻게 견딜 고

세월의 인연 숙명이다
몸과 마음 삭혀 내일을 품어내야 한다

日月 닮은
봄 쑥 빼놓아라

말몰이 침묵

제1대구치가 부러졌다
거친 생각 씹다가
그단 허방을 씹고 말았다

임프란트해야 한다

마취 끝내고
잔인한 발치소리
인공치아 심을 때까지
욱신욱신 아려오는 환상통幻想痛

삼시 세 때 씹는 일은 빙산의 일각
자나 깨나 초원을 날뛰는 말의 코 꿰 잡아 길들이는 치아
의 하루

음식 잘못 씹으면 소화불량에 그치지만 생각 잘못 씹어
뱉어 놓으면 흉기가 되어 내 목을 베고 독사가 되어 기어 다
니는 말, 말의 세상

공자도 씹고
니체도 씹고
십자가도 돌부처도 씹어

곱게 갈아 내뱉어 놓은

말몰이 침묵

민족의 혼불

동토의 함성
모이고 모여 봄
파랗게 일어서는 눈과 입

입과 눈
봄은 젊음
그의 피는 정의

벌판을 가로질러
달려오는 야생마
짓밟혀 쓰러지는 독재자여

정의는 민족의 뿌리
밟아도 밟아도
다시 일어서는
4월의 아지랑이여

아! 대한민국
정의는
민족의 혼불

3부
말 그 너머에

관세음보살

아침
포장길에
지렁이 한 마리 꿈틀꿈틀

어서 가라
이대로 있으면 죽는다

점심때도
지렁이 아직 그곳에 있다

그늘에 옮겨 놓았다

다음날 보니
사라지고 없다

선문답

개울가에 앉아
흐르는 물을 쥐어 본다

어디로 가느냐

바다로 갑니다

바다로 간다?

無常을 모르면
나를 모릅니다

말 그 너머에

雲霧속
123층 555m
롯데월드타워가 우뚝 서있다

미래의 가치를 창출하는
대한민국의 랜드마크
서울의 자존심이라 이구동성으로 말, 말을 하지만

진리는 말 밖에 있는 것

롯데 부처님이
법을 설하고 있다

무릇 형상이 있는 것은
모두가 다 허망(凡所有相 皆是虛妄)하다고

쑥국 그 맛

전주 한옥마을
이곳저곳 기웃거리다
지친 몸 전통찻집에 부린다

쑥극 끓여내신
어머니 생각에

쑥차 시켜 놓고

오런만에
어머니를 뵙고 있습니다

나룻배

하늘 아래 첫 동네
티베트에서는
몸을 '루'라 한다

이 말의 함의는
'두고 가는 것'

그렇습니다

이 육신

저세상 갈 때
두고 가는 것입니다

諧謔이 있는 문

전철역 하객
겻 자루 풀리듯 흩어져 가고
승강기 앞에 선 노약자분들
문이 열리자 밀고 들어선다

잠깐
문이 닫히다 말고
다시 열린다

"그냥 두세요
만지면 열려요"
끼어든 중절모 뒤에

또 닫히다 열린다

홍당무 아줌마 코앞
지팡이 할아버지
빙그레 웃는다

그래 맞아
만지면 열리는 것이여

꾸역꾸역

아나콘다 뱃속에 사람이 있다
꾸역꾸역 꾸역마다
꾸역꾸역 들고나는 사람들
진돗개 하나씩 손에 들고 있다

나는 지금 출근 중
책가방이 무거운 학생
청바지가 짧은 아줌마는
진돗개에게 먹이를 주고 있고
빨간 모자 할머니는 진돗개 안고 졸고 있다
임산부 보호석 옆자리에 앉아있다
미래의 유일한 희망이 자라고 있는 임부 뱃속
덜컥 덜커덩 눈까풀에 눌려 바깥세상 꺼내 자근자근 씹고 있다

난기류 속 승객들
자동차 급발진
빈번한 전기차 화재
뚜껑 열린 자연재해
입맛 지옥이다

낙토, 낙토는 어디에 있는가

\>
비탈에선 세상
앞에,
대책 없이 틀안에 떨고 있는 인간들

안전지대 찾아
들그나는 아나콘다 뱃속

꾸역꾸역

정금산인

그냥 지나칠 수 없다
덫에 걸린 짐승
애원하는 눈빛,

안돼 살려 줘야 한다
몽둥이 쥔 친구
돌멩이 든 이웃 무장해제 시키고

옛날 깊은 산속에서 길 잃은
약초할머니 구해 주었다는 호랑이가 된다

꺾인 다리 질질 끌고 힐긋 뒤돌아 보며 산속으로 사라진 담비

햇살 고운 아침
정금산인 어슬렁어슬렁
제 영역을 순찰하고 있다

녹명鹿鳴

먹이 손에 쥔 아기사슴
부모 잃은 친구들 부르고 있다

세상에서 가장
아름다운 울음소리

남드 끝자락
소록도 수탄장* 어린 사슴 울음 소리

* 愁嘆場, 한센긴 부모와 미감염 어린 자식들이 도로를 가운데 두고 한 달에 한 번 만나는 눈물의 면회장소.

4부
새록과 초록사이

봄살이

봄이 오는
길목에 서면
나는 언제나 감기몸살이다

웬일일까

거슬러
거슬러서
올라가 보면 그 정상

어디에
우리 조상, 초목들이 있어
봄을 내놓은

그 DNA가
끈을 이어내려
지금도 봄이 오면
나도 봄살이 하는 것이다

추석선물

똘이 엄마가 울상이다

작년에 사준 운동화 신으라 했더니

유행이 지났다며
명품 운동화 사달란다고

헌 고무신이 추석 선물이었다면

요즘 애들 어떻게 생각할까

친척 형아가 신었던
해진 헌 고무신 얻어와
깨끗이 닦아
추석날 내게 신겨 주시며

엄마는
"우리 아들 멋있다" 하셨다

내 생에 잊을 수 없는
최고의 추석 선물

달구犬의 친구

아내가 성화다
울타리 쳐달란다

달구 이 녀석 꼬리 내리고
내 뒤만 졸졸 따라다닌다

어젯밤에
고라니가
달구와 놀다 갔다

봄동 다 뜯어먹고

개집 앞에
저 까만 똥 좀 봐

무無사히

하르 종일
마음밭에
무를 뽑았다

뒤돌아보니

오늘도 무사히 걸어왔다

내일도 무밭길을 걸어갈 것이다

경애주敬愛酒* 한 잔

선생님은
저의 지팡입니다

어허
자네가 나의 지팡이지

선생님
술 한잔 올립니다

고맙네
자네도 한잔 받으시게

사제 간의
아름다운 동행

* 스승과 제자 주고받는 술

치부

재물 모아
부자가 되는 것이

어찌
들어내고 싶지 않은
부끄러움인가

치마 속에 무엇인가 있네

입출을 가늠해 보시게

길

구름 밟고 선
하늘 아래 백운산 자락

자연의 숨소리
나무 사이로 흐르는 개울물
돌돌돌 달려가고
다람쥐 다가와 놀자 한다

숲으로 눈을 훔치니
풀벌레 소리 귀를 뚫는다

말이 끊어지고
생각이 끊어지니
과연 신심명信心銘이다

길 아닌 길은 없다
파랑새 한 마리 꺼내 들고 날려 보낸다

3조 승찬대사와 마주한다

오매 단풍 내려 오네

저것 좀 보소

가야금 12줄에
여인이 그네를 타네

둥기 당

진양조장단어
마음을 여는 저 여인

둥기당 둥기당

중모리장단어
익어가는 저 여인

둥기당 둥기둥당

중중모리장단에
치마끈을 풀고 있네

둥기당 둥기당당
둥기둥기 둥기당당

\>
휘모리장단에
제 몸 던져 불사르네

둥기당
둥기당 둥기당당
둥기둥기 둥기당당

상견례

곱게 물든 단풍
시집보낸다고

가을과 겨울이
만나는 서리 내리는 날

가을비
주적주적
눈물을 쏟고 있네

시집가라는 달
신청도 안 터니

오늘이 올 줄이야

새록과 초록사이

논밭 갈아
씨 뿌리고 거두는 일
직장생활도
글을 쓰는 일도 내게는 농사

농사로는 먹고살 수 없다며
젊은이들은 다 떠나고
늙은 껍데기 들만 빈들을 지키고 있다

잡초 뽑다 말고 요즘 젊은이들이 흘린 고뇌의 푸념 새록인다

돈이 되는 일이라면
잡초에게도 면죄부 주자는 것

그렇다
내 몸속에 자라고 있는 이 잡초
패기종, 이놈

과연 너는
내 몸의 일부인가

\>
인연 그 너머에
초록을 찾고 있다

5부
無我의 강

이래도 되는가

인간이 AI를 만들고
AI가 인간을 지배하는 세상

머지않아
공장에서
아이들이 양산된다

에이!
아이까지?

누가 수행자인가

달그犬 저 녀석
주인이 오라는데도
기를 쓰고 도망간다

온돋에 진드기 더덕더덕 달고

어서 구제하고 싶은데
진드기 몸 바꿔 주고 싶은데

지 돋
보시하며 도망 다닌다

누가 수행자인가

공부인

자연은
온갖 오물
다 품어 안고
삭히고 삭혀 꽃을 내놓데

나는 뭣하고 있지

낮아지고 낮아져야 한다

겸손하게
모든 것
받아들이자

그리하여
부처를 내놓자

신이 내게 준 선물

나에게
오늘이 있다는 것은
얼마나 감사한 일인가

내가 다시 깨어났거든

나에게
오늘이 있다는 것은
얼마나 행복한 일인가

내가 당신을 바라보고 있거든

오늘은
신이 내게 준 선물

시집살이

열 손가락 깨물어 봐
아프지 않은 여석 어디 있어

자식이 그래
내 새끼 애지중지 키워 내
출가시키는 날

기쁨보다
걱정이 앞서
시댁 식구들 사랑은 받을는지

좀 더 곱게
키워 내놓을 걸
후회해 봐야 때는 이미 늦었어

시집詩集이 그래

고부간

며느리가 사 보내준 작업복
아내가 입고 텃밭에 나선다

꼭
붉은 머리오목눈이 닮았다

닮았다고 웃는데

숲 속에서
뽓 뼷 뼷 뼷 뼈에

뻐꾹새가 숨어 지켜보고 있다

無我의 강

집착에
삼 씨三時* 갈아
허공에 난을 친다

時香도
내 것이 아닌데
난향은 늬것이란 말인가

나그네
천강을 걸어
바다로 가고 있다

배타적인
배타적인
배타적인 강물의 숨소리

존재는
피었다 지는 꽃
제행무상諸行無常

변하지 않는 것은
오직 '변하는 것' 뿐

〉
뗏장에
새싹이 돋고
다시 죽어 오고 간다

나그네
파도 속에
여장旅裝을 푼다

가노라
가노라
이 사바세계를 떠나
저 피안의 언덕으로 가노라

* 과거. 현재. 미래

시인이여

전능하신
조물주께서
세상 모든 것 두루 만드시고

시 짓는 일 만은
당신 몫으로
남겨 두었다고 하는데

그리 알고 계신가

시인이여
오늘은 어떤 글로
방황하는 이 영혼
일깨워 주려하는가

수박

아침마다
일어나

가볍게
머리를 두드린다

다행이다

아즈은 설다

6부
임자

오장 칠부

스마트폰
없이는 살 수 없는 세상

호모사피엔스가
포노 사피엔스가 되어버린 세상

두 발로 걷다가
이제는 두 손으로 날아다닌다

스마트폰은
인체의 오장 칠부

정문골 도반

간밤에
고라니 이 녀석
탑돌이 하고 갔네

발자국
살펴보니
달구犬도 함께 있었어

요 녀석들
친구라는 것
진즉 알고 있었지만

탑돌이
한다는 건
오늘 처음 알았네

서당개
삼 년이면
풍월을 읊는다더니

오호라
이 녀석들이
진정 나의 도반이구나

머슴

여섯 어린 나이에
꼴담살이도 해봤고
풍월을 읊으면서는 상머슴도 해봤다

그때도
나는 주인을
하늘같이 섬겼어

내가 나를
머슴이라 부를 때가
가장 자랑스럽고 행복했지

탈바가지 쓴
이 나라 정치꾼 나리님들

당신은
주인인가
머슴인가

임자

  고구마 캐는 날
  붉고 실한 고구마가
  소풍 나온 유치원 꼬맹이들 마냥
  올망졸망 아내 꼬리를 문다

  고구마가 추억을 캐내고 있다

  천년수 형과 어린 동생 둘과 소금꽃 잠방이에 밀짚모자 눌러쓴 아버지와 일찍 다섯 새끼들 가슴에 묻고 그 업이 당신의 뗏목이라 시며 숨어 끄억끄억 우시던 보살, 우리 어머니
  참으고 비탈길 걸어오는 딸엽이 누나
  숲 속에 숨어 엿보고 있을 당신의 몽달이, 뻐꾹새
  가을을 가득 담은 소쿠리와 아버지의 바지게

  이랑사이 농익은 깡마중
  몇 알 입에 넣고
  한 움큼 훑어 "임자"하고 불쑥 내밀자 아내 얼굴에 사랑이 환하게 핀다

  나는 고구마 순을 걷어내고
  아내는 고구마를 캐고

>

옛날 그때에도

고구마 밭에는 아버지와 아버지의 임자가 그곳에 계셨습니다

도가니 속 예술

타석에 선 3번 타자
보이는 것은
18.44m 앞 투수

침묵의 강 건너
궤조 쫓아
날아오는 0.3초의 긴장

탁

홈런
관중의 환호성

요변窯變이다
장인이 빚은 도자기
아무나 만들어 낼 수 없는 무지개

역전의 드라마

빗자루

마당을 쓸고 있습니다

쏴악 쏴악

내 마음속에
번뇌를 쓸어 내고 있습니다

미안합니다, 아버지

러닝머신에 오르면 한 시간 뛴다 마지막 10분은 어린 시절로 돌아가 연탄 리어카를 밀고 있다

정릉천 옆 우물가
미아리 달동네 오르막 길
지그재그 연탄 리어카 끌고 있는 아저씨와 뒤에서 밀고 있는 모자 푹 눌러쓴 중학생

구비길 돌아 8부 능선 지나면
"됐다 힘들다- 그만해라"하는 아저씨와 비지땀 쏟으며 혼신을 다해 힘을 보태는 학생
가끔은 친구들도 함께 있었다

꼴딱 고개 넘고
손잡이에 걸터앉아 가쁜 숨 몰아쉬며 땀 훔치는 아저씨

미안합니다, 아버지

숨과 심박

절친이다

말은 없어도
마음까지 읽고 있는
세상 끝나는 순간까지 함께할 친구

잠자리에서는 자장가로
가파른 인생길에서는 펌프질로
앞서거니 뒤서거니 경쟁도 하고
주거니 받거니 동행하고 있는

우리는 지음
종자기種子期와 백아伯牙*

* 고사성어 지음知音의 주인공, 마음이 서로 통하는 절친한 친구, 종자기種子期의 죽음에 거문고 줄을 끊었다는 춘추春秋 시대時代 거문고 명인名人

때늦은 후회

아!
대한민국

돌풍에 번지는 회오리 들불

12·3 계엄 선포
이 내란 극복하고
일어서야 한다

무너지고 있는 국격 앞에
깊어가는 지역감정 앞에
찢어지는 국론 앞에

다시 일으켜 세워야 할
대한민국 앞날을 위해

반드시
내란 수괴, 그 부역자들
잡아 처단해야 한다

소 잃고
외양간 고치는 일 없어야 한다

\>
그때도 처단했어야 했다

다시는 이 땅에
헌법을 유린하는 내란 없도록

7부
산 늙은이 열 손가락에 울어
愛는 가얏고

삼배의 예

영안실

죽엄 앞에
삼배하고 일어서자

상주와 복인들 의아한 표정이다

삼촌이
어린 조카에게 삼배냐는 눈치

누구나
죽으면 부처라네

부처님께
삼배의 예를 갖추어야지

나무아미타불

벽시계

우리 집은
삼대가 함께 살아요

초침 분침 시침

빨리빨리
뚜벅뚜벅
엉금엉금

시간을 끌고 가는 손주
시간을 잃어버린 아버지
시간에 끌려가는 할아버지

재깍재깍재깍-

우리 집은
삼대가 함께 살아요

꽃샘추위

산모가
해산 전
몸살이 하고 있다

아기 울음소리
기다리고 있다

인간이 재단할 수 없는 무늬

터럭 하나라도
건들지 말고 그대로 두시오

자연은
하늘이 내린 유산입니다

자연은
부처요
예수요
내 콤입니다

누가 감히
내 콤을 도륙할 수 있단 말이오

자연은
인간이 재단할 수 없는 무늬입니다

산 늙은이 열 손가락에 울어 愛는 가얏고

선녀의 치마폭에 쓴
붉은 글씨 그 약속

잊지 않고 있습니다
꼭 지켜야 해

박 씨, 심어 놓고
칡덩굴 걷어다가
초가 지붕 위에 사다리 올리는 날

끊어질세라
줄을 붙잡고 흐르는 구름 따라가는 아내의 눈길

표주박 만들어
옹달샘에 띄워놓고

오가는 인연들에게
달과 별을 모셔다가 길 밝히시라

두 손 모아 빌던 그 세월
돌고 돌아 몇 년이었던가

＞
아내의 고운 심성
어찌 하늘이 동하지 않으랴

연년이 지붕 위에
핀 하얀 박꽃은
선녀의 슬픈 향수 아니었던가

50년 전 선녀의 치마폭에 쓴
붉은 글씨 그 약속

열 섬들이 큰 박 따서
쪽배 만들어
사랑하는 아내 싣고
저 은하수 건너 처갓집에 신행 가야지

가야 해, 가야 해, 꼭 가야 해

山 늙은이
열 손가락에 숨어 愛는 가얏고

애도哀悼

이 무슨
날벼락이
하늘이 무너져 내린다
꼰대들 무능함에 스트레스 풀길 없어
이태원 좁은 길거리 핼러윈이 되었는가

뉘의 탓
하지 말라
한강은 알고 있다
집안 꼴 보자 하니 숨구멍이 막힌다
분노의 이 짙은 안개 언제나 걷으려나

세 번을
간하여도
바로잡지 못하면
한강수 이 나룻배 뒤집어 놓을 것이다
돛대, 바로 세우고 노, 잘 저어 가라

천상의 꽃

어머니는
세상에서 가장
위대한 스승

어머니는
자식 눈물 속게
핀 천상의 꽃

지옥을 보고 있다

풀을 깎고 있다

칼날에 튄
비릿한 풀냄새

풀벌레는 혼비백산

지옥을 보고 있다

8부
역설적인, 더 역설적인

지지베베

제비가
대통령에게
논어*를 읊조린다

지지베베
지지베베 지지베베

정직해라

아는 것은 안다고 하고
모르는 것은 모른다고 해라

그래야
민의를 얻을 수 있다

그리고 공부 좀 해라

지지베베

---

* 知之謂知之不知謂不知是知也 : 논어, 위정(爲政) 편

역설적인, 더 역설적인

탑돌이 중
빗장 풀린 아상我相

젊어서부터 학대만 하고 살아온
내 육신이 가엽고 불쌍해
어느 날 내 영혼 갑자기 떠날 것 같아 불모의 사막 바위틈에서 꿸어냈던 숨비소리

'나는 복이 많다'

이 역설적인 화두 한마디에
나는 파랗게 울었다

자나 깨나
살아 숨 쉬고 있는 모든 생명들에게
인연 있는 영가들께
감사하며 화두 들고 있다

그러다 보니
화두가 내뜨락을 쓸고 있는
소리를 본다

>
내가 변하고 있다는 것
놀라운 일은
아내도 이미 빗자루를 들고
있다는 것이다
내가 "당신 참 복이 많소" 하면 아내는 놓칠세라
"그래요 내가 복이 많습니다" 하고
식솔들도 쾌참이다

오늘도
산촌은 파랗게
고라니는 꽥꽥
꿩은 프드득
강아지는 멍멍
솔바람도 에코, 에코다

하지만 혹여 반목질시反目嫉視*하고
법계인기法界悋氣**하는 이웃이 있을까 봐

귀신들까지도
나는 사랑하고 감사한다

속으로 나는

니체도 여기까지 사랑했을까
그 너머에 내가 있는데
제자가 스승의 밥그릇을 넘어다 보며 합장한다

"나는 복이 닳다
고로 행복하다"

당당하게 짖고 산다

* 서로 미워하고 질투하는 눈으로 봄
** 자기와 직접 상관없는 일에도 남을 질투하는 것

까불지 말라

인류의 첨단 문기文器 한글

우리는 이미
오백여 년 전에 가졌다

대한민국의
핵
무
기
한글

너네들
까불지 말라

공생

달을 보고 바 왔습니다

정성이 모이면
이루어진다고

모아 모아 모아
점점 커져가는 당신의 소망

소원 성취하소서

씨앗

내 나이
열다섯 살, 그때

꿈속에서
꽃을 안고 몽정을 했다

할아버지는 빙그레 웃으시며
고개를 끄덕이셨다

내가 달고 있는
고추는
할아버지 것이란다

잘 간수해야 한다고 하셨다

씨앗, 그 소중함
나도 손주를 보고 나서야 알게 되었다

조난 신고

Mayday
Mayday!

24년 12월 3일

대한민국

세종누리

이도* 형李祹兄!
누가 저걸
인간의 입속에서 꺼내 놓은 소리의 씨앗으로 알겠나

한글 28자

뿌리기만 하면
시공時空에 꽃을 피우고 열매를 맺으니

자랑스럽다

이도 형李祹兄!
나는 형을 세종대왕님이라 부르지 않고 그냥 형이라 부르기로 했어

이도 형!
백성을 국민의 자리로 돌려놓고
더 가까이에서 호흡하고 싶었던 이도형!
그래서 나는 형을 이도 형이라 부르는 거야

괜찮지
형은 우리말이 중국 말과 달라 서로 통하지 아니한다며,

가엾은 국민이 말하고자 하는 바가 있어도,
끝내 제 뜻을 펴지 못하는 이가 많다며
한글을 만들어 모든 국민이 쉽게 사용할 수 있도록 해 주었지

이도 형!
고맙고 자랑스럽다
한글은 우리 백의민족의 영혼이 담긴 인류의 보물이야
이제는 지구촌 어디서나 형의 숨소리를 들을 수 있어

형!
전 세계 지구촌이
K팝, 돌민정음**에 미치고 있어
AI의 언어가 되었다는 것
우리 BTS 따라 노래 불러보자

'ㄱㄴㄷㄹㅁㅂㅅㅇㅈㅊㅋㅍㅌㅎ
ㅏㅑㅓㅕㅗㅛㅜㅠㅡㅣ'

이도 형! 형은 어떻게 인간의 입이 블랙홀을 닮았다는 것을 알았어?

이도 형! 이도 형! 자랑스러운 이도 형!

* 세종대왕(1397~1450)의 본명
** 아이돌Idol과 훈민정음의 합성어

여행 중

생각을 바꿨다
바꾸고 나니
내 일상이 여행이다
우리는 금성에서 만나
지금은 3번째 행성 여행 중이다

여행용 식량으로 고구마를 심고 있다

안해가 활짝 웃고 있다
내 안에 아내를 심고나니 행복하다

안해는 나무 그늘에 앉아
그림을 그리고
나는 쿠바 코히마르 해변에서 헤밍웨이를 만난다

안해가 으아디 꽃여자 입가에 미소를 그릴 때쯤
나는 청상아리가 청새치를 뜯어먹고 있는 바다를 쓰고 있다

"포기하지 말라 인생은 여행이다"
죽을 고비 넘다 들고 있는 노인이 나에게 배터리를 꽂아준다
코히가르 해변에 별이 쏟아져 내린다

내일은 자전축 23.5도의 롤라스케이트를 타고 아마존을 둘러보고 고비사막을 지나 남극을 접수하겠다
　가서 펭귄을 만날 갈 것이다

　여행은 즐거운 일이다
　이 세상 끝나는 그날
　우리는 또 다른 별을 찾아 여행을 떠날 것이다

소목장 허씨네 가훈

못은
아므리 잘 박아도

못 박는 것이다

9부
검지가 없다

지음

나는 갈대
당신은 바람

아직도
나는
당신의 숨소리 듣고 있어

허공 무너지는 소리

비 오는 날 오후
토굴에 앉아
화두를 품고 있다

청개구리는 내 귀를
백로는 내 눈을 훔치고 있는데

귀와 눈 사이
그네를 타고 있는
공안

줄 끊어지는 소리

허공이 무너진다

병아리
삐악삐악
내 마음 노랗다

부활

봄볕이
지구를 쪼고 있다

보채는 봄순이
울긋불긋 옹알이한다

봄 봄 봄

새 생명
깨어나는 소리

검지가 없다

검지에는 뿌리가 있다
뿌리는 일제강점기에서 해방으로
다시 미 군정으로 제주 4·3 민중항쟁 사건으로
여순 민중항쟁 사건*으로 뻗어 내렸다

좌와 우
밤과 낮을 가르는

손가락질 하나로
수많은 양민이 죽었다

손가락질 하나로

졸지에 생때같은 두 아들을
잃은 우리할아버지는

검지가 없다

---

* 1948년에 전남 여수에 주둔하던 국군 제14연대 군인들이 제주 4·3 민중항쟁 사건의 진압 명령을 거부하며 일으킨 사건.
이승만 정부는 1948년 10월, 여수에 주둔하고 있던 국군 제14연대에 제주 4·3 민중항쟁 사건 진압을 명했으나 이들은 친일파 처벌과 남

북통일 등을 주장하며 들고일어나 여수와 순천을 장악한 뒤, 주변 지역으로 세력을 확대.

8·15 광복 이후 좌익과 우익이 대립하는 어지러운 정치 상황에서 많은 사람들이 죽거나 다친 비극적인 민중항쟁 사건.

이들은 여수와 순천 지역을 장악한 뒤 이승만 정부의 부당한 명령에 대항했지만 며칠 만에 진압.

1948년 4월 3일 제주도에서는 남한만의 단독정부 수립에 반대하는 민중 봉기가 일어남.

정부는 여수와 순천 일대에 계엄령을 선포하고, 미군사 고문단의 협조 아래 민중항쟁군을 진압.

이 과정에서 항쟁군은 물론이고 많은 민간인, 무고한 양민 1만 4천여 명이 죽었다. 항쟁군 중 일부는 지리산에 들어가 빨치산이 되어 저항하기도 했다.

이후 이승만 정부는 군부대 안에서 좌익계 군인들을 처벌하면서 광복군 출신의 군인은 물론이고 이승만 정부에 비판적인 군인들까지 함께 처단했다.

● 고흥 봉덕리 (삼불리) 여순 사건 희생자 명단
 — 희생자 8인 (기일: 음력 10월 20 일)

   1. 김성택 (김호길 친형)
   2. 김양수 (김진용 부친)
   3. 오인택 (오기택 친형)
   4. 김영채 (김봉채 친형)
   5. 유기순 (유종표 친형)
   6. 유기만 (유종표 친형)
   7. 김창석 (김창문 친형)
   8. 오문택 (오상록 부친)

갈매기 운다

종각역 용채네 식당 향우회
낯익은 얼굴들 하나 둘 모여든다
뉘 집 물색이지?
긴가민가 손 붙잡고 요리조리 뜯어본다

서울에 뿌리내리고
열심히 살아가고 있는 고향 갈매기들

길쌈 잘하는 국무형 모친
노래 잘하는 괴꼴이 형님
힘 잘 쓰는 정불이 동생
돼지 잘 잡는 억덕우 형님
골고루 아제, 놀부 아제
묏일 잘하는 종열이 형
선소리꾼 종순이 아제,
그 자손들
어찌 그 손들 뿐이랴

꽹과리에 상모 돌리고
징 장고 큰북 작은북
날라리 피리 광대
깃발아래 하나가 되었던 보고 싶은 얼굴들

>
괭이자루, 톱자루,
멍에, 지게, 빗자루로
제 몫을 다해 고향을 지켰던 그리운 고향갈매기들

인구 절벽, 이 절명의 시대에
내 고향 三佛里는 누가 지키지?

갈매기 운다

까맣게 잊고 살았던 내 이름 석자

내가 엄마였지
그래, 천년수 만년수 병현 병석 엄마였어

내가 아내였지
그래, 김수환 씨 아내였어

그래,
그런데 말일세

어느 날 내 둘째 만년수가
뜬금없이
"김 부업 여사님' 하고 부르지 않겠어

김부업?
어디선가 많이 들어 보았던
그 이름
한참을 두리번거려 봐도 아무도 없었어

나밖에는

까맣게 잊고 살았던
내 이름 석 자 김부업 金富業

낚시

빙판 위 산천어는
살려달라 팔닥 팔닥

강태공 저 아저씨는
월척이다 야단법석

정금산 무명 거사
가부좌 틀고 앉아

삼생을 보고 있다

바람아
어느 곳에
낚시를 던져야 하나

단풍의 이름으로 다시 붉게 돌아와

피아골 단풍
지을 수 없는 저 상처
저 영롱한 이슬방울이
저렇게 곱다는 것은
티가 없이 저렇게 하나인 것은

꼼짝없이 당할 수밖에 없었던 여순 민중항쟁 사건의 끔찍한 상흔일 거야

누가 태양의 활시위에
찢긴 영혼을 재어 쏘아댔는가
울컥 토하는 비릿한 심장의 선혈이 아니고서야 저리 붉을 수가 없지

분명 영롱한 저 이슬방울은
1948년 10월 희생된 원혼들이 토해내는 피 눈물이 단풍의 이름으로 다시 붉게 돌아온 것이야

발제문

한하운 시인 詩聖 추대 발제문

별첨

詩聖 한하운 누구인가

한하운 시인 詩聖 추대 발제문

― 한하운 시인, 詩聖 추대 결의

- 일시: 2018년 10월 9일 한글날
- 장소: 인천부평구 백운공원 보리피리 시비 앞
- 안건: 한하운 시인, 詩聖 추대(건)
- 시인 한하운은 누구인가(별첨)

■ 발제문

― 발제자: 인묵 김형식(보리피리 편집주간)

詩聖은 역사 속에 숭앙받는 시인을 이름한다. 시성詩聖의 聖字는 성인, 임금 천자의 존칭, 걸출傑出한 인물을 뜻한다. 3,500년 전 장자는 소요유에서 聖人을 총칭하여 지인무기至人無己 지인은 자기를 내세우지 않고, 신인무공神人無功 신인은 공을 내세우지 않고, 성인무명聖人無名 성인은 이름을 내세우지 않는 자라하고 그중에 으뜸은 자기마저 잊어버린 지인至人이라 했다.

유고儒敎에서는 전설의 임금인 요堯·순舜과 유가儒家 사상을 정립한 공자孔子, 그리고 공자孔子가 이상으로 삼은 주周의 문왕文王, 무왕武王, 주공周公 등을 성인聖人으로 숭앙崇仰하고 있다. 이들은 인류 '문명'의 창시자, 즉 예악禮樂과 제도制度를 제정한 분들로 최고의 윤리가치인 인의도덕仁義道德의 도道를 구현한 이상적인 인격자들이다. 그리스도고에서는 예수 그리스도가 복음전도를 위하여 특별히 선발한 12사도를 비롯하여 전도에 공이 컸던 사람들, 가르침을 위해 몸을 바친 순교자 등을 엄격한 심사를 거쳐 성인saint으로 받들고 있다. 신약성서의 4복음서 집필자 마태오·마르코·루가·바울로·베드로·야고보 등 성서와 관계되는 사람들, 아우구스티누스 토마스 아퀴나스 같은 사상가, 수도원의 성자 프란체스코, 동양에서 선교활동을 하다가 병사한 프란시스코 자비에르, 밸런타인 데이day의 밸런타인, 특히 한국인은 김대건金大建 신부를 비롯하여 103위가 성인으로 숭앙받고 있다.

동방정교회東方正敎會에서는 최후의 심판을 기다리며 천국과 지옥의 한가운데에서 잠들어 있는 사자死者를 가리키기도 하며 그 역할은 가톨릭과 마찬가지로 크다.

불교에서는 개조開祖 석가모니를 비롯하여 용수龍樹와 같은 종교적 이상의 구현자, 자비를 베푼 행기行基 등 많은 인물을 들 수 있다. 3조 승찬대사는 나병환자였다. 그럼에도 불구하고 2조 혜가로부터 법을 이어받았다.
　승찬 대사의 신심명信心銘에 시성의 발제 동기를 둔다.

　동서고금을 통틀어 이태리의 단테, 독일의 괴테, 인도의 타고르, 중국의 두보를 우리는 시성이라 부른다. 이분들은 무명, 무공, 무기를 실천하신 분들이다.

　오늘은 한글날, 인천 부평구 백운공원 보리피리 시비 앞에서 시인 한하운을 詩聖으로 추앙하고 만천하에 고하는 뜻 깊은 날이다.

　한하운 시인은 무기無己하신 분이다.
　성인 중에서도 가장 높게 추앙해야 할 자리에 계신다.
　하늘이 내린 천형 한센병을 안고, 살아가면서 이름과 명예를 좇지 않았으며 자기마저 버린 분이다. 파랑새. 보리피리. 전라도 길. 목숨등 주옥같은 명시를 남겼으며 한센병 치유자들이 희망을 가지고 살아갈 수 있도록 인천시 부평구 십정동에 성계원을 설립 한센인들의 자립 기반을 만든다.

　시성의 탄생을 두고 반목질시反目嫉視하고 법계인기法界惹氣하는 일은 없어야 한다.

　한하운시인을 詩聖으로 추앙하여
　세계문학사의 빛으로 한국문학사의 자랑으로

삼을 것을 만인 앞에 고한다.

발의 안건에 대하여 회원 및 한하운 시인을 흠모하여 참여한 문인들 전원 찬성으로 詩聖, 한하운 추대를 한하운문학회 회장 여주현은 선포한다.

발기인(존칭 생략)

성기조. 홍윤기. 이광복. 권녕하. 여주현. 김형식. 손흥섭.
조태연. 최순희. 강상률. 이신경. 황금자. 유정아. 김광원.
박정란. 심의표. 조남선 서병진. 이혜우. 유영훈. 신강우.
윤석만. 민병재. 이준섭. 전정옥. 김병열. 장영규. 안차희.
송봉현. 장건섭. 강선봉. 백영웅. 정수미 (이상 33명)

2018년 10월 9일

한하운 문학회

주간 인묵 김 형 식
회장 한산 여 주 현

별첨 | 詩聖 한하운 누구인가

인묵 김형식

韓何雲
1920년 3월 20일 ~ 1975년 2월 28일 (향년 54세)

1. 개요
대한민국 시인, 사회운동가. 본관은 청주淸州이며 본명은 한태영韓泰永.

2. 일생
1920년 3월 20일 함경남도 함흥군 덕천면 쌍봉리(現 함흥시 쌍봉리) 유복한 양반가에서 지주인 아버지 한종규(韓鍾奎, 1900~?)와 어머니 경주 김 씨 사이의 2남 3녀 중 장남으로 태어남. 한하운의 고조부 한국보(韓國輔, 1822~1900)

는 1860년(철종 11) 정시庭試 문과에 급제한 뒤 1894년(고종 31) 사헌부 집의執義(종 3품)에 올랐으며, 즈부 한전채(韓甸埰, 1884~1925)는 대한제국 때 순릉 참봉을 지낸 바 있다.

그는 7세 때 함흥군 함흥면으로 이사하여 함흥제일공립 보통학교에 입학 졸업하고, 13세에 이리농림학교 수의축산과에 입학한다. 17세 되던 1936년에 한센병을 진단받는다. 하지만 학업에 계속 전념 이리농림학교 졸업 후 일본으로 유학, 세이케이成蹊 고등학교를 졸업하고 22세 되던 1941년 중국 베이징으로 가서 왕징웨이 정권 치하 '북경대학' 농학원 축목학과에 입학한다.

대학 졸업 후 1943년에 함경남도청 축산과 근무를 시작으로 공무원 생활 하다가 1944년 사직하고 한센병 치료에 전념한다.

1948년에 월남해서 서울특별시 중구 명동 등을 떠돌다가 1949년에 시인으로서의 삶을 시작한다. 1949년 잡지 『신천지』에 나병의 고통과 슬픔을 노래한 「전라도 길」 등 시 13편을 발표하면서 시인의 길을 걷게 된다. 절망에 빠진 그를 '신천지'로 안내한 사람은 이병철(李秉哲, 1918~1995) 선생. 선생의 소개로 일약 문단의 주목을 받기 시작한 한하운은 1949년 첫 시집 『한하운시초』를 펴내면서 더욱 문둥병 시인으로 세상에 널리 알려지게 된다.

그가 시인으로 전국에 알려지자, 같은 병을 앓던 환자들이 '구걸하지 말고 같이 모여 살자' 제안했고, 그 제안을 받아들여 1949년 8월 경기도 수원시 세류동 수원천 근처 한센인 정착촌 하천부락河川部落에 입주 8개월간 지낸다. 이후 경기도와 강원도 일대에 살던 한센병 환자들을 집단 수용하기 위해 인천시 부평동에 새로운 한센병 환자 수용소를 만든다. 6·25 전쟁 발발 3개월 전인 1950년 3월, 한하운은 하천부락에서 함께 거주하던 한센병 환자 가족 70여 명과 함께 인천시 부평동 공동묘지 골짜기에 있던 한센인 정착촌인 성계원으로 옮겨간다. 그곳에서 자치회장이 된다.

1952년에는 인천시 십정동 577-4번지에 한센인의 자녀들을 위한 신명보육원을 창설하고 원장으로 취임. 1953년 8월에 한 주간신문이 「문둥이 시인 한하운의 정체」라는 제목 하에 그의 시를 '붉은 시집'으로 규정하고 한하운은 실존 인물이 아니라 '문화 빨치산'이라고 매도하면서 그가 계획하던 사업들이 일시 타격을 받는다. 하루아침에 '빨갱이'로 몰리며 국회까지 발칵 뒤집힌 '문화 빨치산 사건'은 그해 11월 '한하운은 공산주의자가 아니다'라는 당시 이성주 내무부 치안국장의 발표가 있은 연후에야 잠잠해진다.
 1955년에는 용인군 구성면 동백리(現 용인시 기흥구 동백동) 일대에 동진원東震園을 세우고, 두 번째 시집 『보리피리』 출간한다.

 1959년에 병을 완전히 털어내고 사회에 복귀한 후로도 한센병 환자들의 인권을 위한 사회활동을 계속한다. 1971년 12월 18일 당시 영부인 육영수를 수행 전라남도 나주군의 한센인촌을 방문한다. 1975년 2월 28일 오전 10시 45분 경기도 인천시 북구 십정동(現 인천광역시 부평구 십정동) 산 39번지 자택에서 숙환인 간경화로 운명한다. 그의 유해는 경기도 김포시 장릉 공원묘지에 묻힌다.

그의 시는 2000년대 들어 국어 교과서에 수록된다. 소록도의 시비詩碑에 더해 2017년 12월 14일에 인천광역시 부평구 십정동 186-419번지에 위치한 백운공원에도 시비詩碑가 세워진다. 십정동 백운공원은 그가 숨을 거둔 장소이자 살던 집인 십정동 산 39번지 인근에 있다.

3. 작품

1. 파랑새

나는
나는
죽어서
파랑새 되어

푸른 하늘
푸른 들
날아다니며

푸른 노래

푸른 울음
울어 예으리

나는
나는
죽어서
파랑새 되리

2. 전라도 길

가도 가도 붉은 황톳길
숨 막히는 더위뿐이더라.

낯선 친구 만나면
우리는 문둥이끼리 반갑다.

천안 삼거리를 지나도
수세미 같은 해는 서산에 남는데

가도 가도 붉은 황톳길
숨 막히는 더위 속으로 절름거리며
가는 길.

신을 벗으면
버드나무 밑에서 지까다비를 벗으면

발가락이 또 한 개 없다.

앞으로 남은 두 개의 발가락이 잘릴 때까지
가도 가도 천리千里, 먼 전라도 길.

3. 보리피리

보리피리 불며
봄 언덕
고향 그리워
피—ㄹ 닐니리.

보리피리 불며
꽃 청산青山
어린 때 그리워
피—ㄹ 닐니리.

보리피리 불며
인환人寰의 거리
인간사 그리워
피—ㄹ 닐니리.

보리피리 불며
방랑의 기산하幾山河
눈물의 언덕을 지나

피-ㄹ 닐리리.

4. 목숨

쓰레기 통과
쓰레기 통과 나란히 앉아서
밤을 새운다.

눈 깜박하는 사이에
죽어버리는 것만 같었다.

눈 깜박하는 사이에
아직도 살아있는 목숨이 굼틀 만져진다.

배꼽아래 손을 넣으면
삼십칠도三十七度의 체온體溫이
한마리의 썩어가는 생선처럼 밍클 쥐어진다.

아 하나밖에 없는
나에게 나의 목숨은
아직도 하늘에 별처럼 또렷한 것이냐.

참고 문헌 (한하운시인의 연구 논문)

1). 보리피리의 孤獨: 韓何雲의 生涯
   학술지명: 羽大
   발행 연도: 1976년
   발행처: 명지대학 학도호국단
   저자: 박향 (50년생, 소설가)

2). 나는 문둥이가 아니올시다: 시인 한하운 이야기
   학술지명: 한국어문교육
   발행 연도: 1993년
   발행처: 한국교원대학교 한국어문교육연구소
   저자: 성기조
   소장기관: 건국대학교 상허기념중앙도서관

3). 시와 자기 구원의 문제: 한하운의 경우
   학술지: 명고황논집
   발행 연도: 1993년
   발행처: 경희대학교 대학원
   저자: 한원균 (64년생, 고은학회 초대회장, 충주대 교수)
   소장기관: 경희대학교 국제캠퍼스 도서관

4). 한하운의 삶과 문학 I: 천형, 그 극복의 역설적 미학
   학술지명: 論文集
   발행 연도: 1994년
   발행처: 강능대학교
   저자: 최병준
   목차 Table of Contents:
   　— 서론

— 구체성과 직접성
— 한하운의 삶
— 성장과정
— 투병생활
— 사회활동
— 기타
— 한하운의 문학

1. 천형, 그 극복의 역설적 미학
    1) 제1시집「한하운 시초」
    2) 제2시집「보리피리」
    3) 제3시집「한하운 시전집」과 기타 유고시

2. 한국적 가락

— 결론: 삶의 전체성과 작품의 전체성

5). 고통의 객관화와 '인간'을 향한 희구: 한하운의 삶과 시
    학술지명: 현대문학의 연구
    발행 연도: 1996년
    발행처: 한국문학연구학회
    저자: 김신정
    소장기관: 한국건설기술연구원 자료실

6). 한하운 시의 문체론적 시론
    학술지명: 이문논총里門論叢
    발행 연도: 1996년
    발행처: 한국외국어대학교 대학원
    저자: 신주철

7). 한하운 시의 색채심상과 공간상실
　　학술지명: 비평문학
　　발행 연도: 1997년
　　발행처: 한국비평문학
　　저자: 조병기

8). 한하운 시의 정치시학적 연구
　　학술지명: 현대문학이론연구
　　발행 연도: 2005년
　　발행처: 현대문학이론학회
　　저자: 최명표

9). 한하운 시의 색채심상과 공간상실
　　학술지명: 비평문학
　　발행 연도: 1997년
　　발행처: 한국비평문학
　　저자: 조병기

10). 서러움의 정치적 무의식 — 역사적 신체로서 한하운의 자전自傳
　　　출판연도: 2012년
　　　학술지명: 사회와 역사
　　　발행 연도: 2012년
　　　발행처: 한국사회사학회
　　　저자: 한순미
　　　소장기관: 서강대학교 도서관

11). 고통의 극한에서 노래한 시인 한하운 — 한하운 시집, 「보리피리」, 인간사, 1955.
　　　학술지명: 플랫폼
　　　발행 연도: 2015년

발행처: 인천문화재단
저자: 홍성희

12). 냉전과 박애 — 냉전기 미국의 구라활동과 USIS 영화「황톳길」의 사례
학술지명: 현대문학의 연구
발행 연도: 2015년
발행처: 한국문학연구학회
저자: 김려실

13). 냉엄한 정신과 비명의 부인으로서의 침묵
학술지명: 한국학연구 Korean Studies
발행 연도: 2016년
발행처: 인하대학교 한국학연구소
저자: 최서윤

14). 한하운의 시적 행로와 지향의식
학술지명: 한민족어문학
발행 연도: 2016년
발행처: 한민족어문학회
저자: 서영희

15). 한센인 정착촌에 대한 현상학적 연구 — 영락원 주민과 한하운의 시詩 세계를 중심으로
출판연도: 2017년
발행 연도: 2017년
발행처: 충청남도
저자: 노상근
소장기관: 한서대학교 도서관, '맺음'

해설
자연과의 교감으로 얻은 허정虛靜의 세계

황정산 시인, 문학평론가

자연과의 교감으로 얻은 허정虛靜의 세계

황정산 시인, 문학평론가

1. 들어가며

노자는 "비움에 이르기를 지극히 하고, 고요함을 지키기를 돈독히 하라."라고 권한 바 있다. 마음속의 온갖 욕망과 잡념을 비울 때 마음은 호수처럼 고요해지고 그 고요함 속에서 사물의 본모습이 있는 그대로 보이는 도의 경지에 도달할 수 있다는 것이다. 이것이 바로 허정虛靜의 경지이다. 이 경지를 우리 삶에서 실천한다는 것은 자신의 욕망과 편견을 내려놓고 세상을 열린 마음으로 바라보려는 자세를 갖는 것이다. 그럴 때 우리는 불필요한 집착에서 벗어나서 자유롭고 평화로운 삶을 영위할 수 있다.

김형식의 시집 『無我의 강』은 이런 경지로 나아가고자 하는 시인의 자세가 잘 나타난 시집이다. 특히 일상에서 마주하는 자연과의 깊은 교감을 통해 이 허정虛靜의 세계에 도달해 가는 과정을 이 시집은 잘 보여준다. 이 시집의 시들에서 시인은 일상의 평범한 순간들 속에서 깨달음을 찾아가는 구도자적 면모를 드러내며, 자연과 인간, 존재와 무無, 허무와 고요라는 대립적 개념들을 통해 삶의 본질을 탐구한다.

또한, 시인에게 인생은 끊임없는 여행이다. 그것은 물리적 공간의 이동이 아니라 내면의 성찰을 통해 참된 자아를 찾아가는 영적 여정이다. 이 여행 과정에서 시인은 자연의 소리에 귀 기울이고, 일상의 작은 깨달음들을 통해 무아의 경지에 이르고자 한다.『無我의 강』은 바로 이러한 구도의 과정을 섬세하고 진솔하게 형상화한 시집이라 할 수 있다.

2. 가정과 일상에서 지혜를 찾다

김형식의 시에서 가족과의 일상은 단순한 삶의 반복이 아니라 깨달음을 얻을 수 있는 소중한 공간이다. 가령 다음과 같은 시를 보자.

  모처럼
  산중 초막이
  달빛으로 북적거리더니

  추석 쇠고
  떠나는 자식들
  배웅하는데

  '할비 같이 가자"

울어버린 손녀

도연이가 할비 닮았다며
눈물 감추는 어미

떠나는
뒷모습에

하현달 따라나선다
―「하현달」 전문

 이 시는 추석 명절 이후 가족들이 떠나는 순간을 통해 깊은 애틋함과 세대 간의 사랑을 그린 작품이다. 시는 산중 초막이 달빛으로 북적거리는 모습으로 시작된다. 이는 추석 명절을 맞아 가족들이 모여든 따뜻한 상황을 보여준다. 특히 "모처럼"이라는 표현에서 평소에는 외로운 곳이 명절만큼은 활기를 띠고 있음을 알 수 있다.
 여기서 가장 감동적인 부분은 떠나는 순간의 묘사이다. "할비 같이 가자"며 우는 손녀의 모습과, 손녀가 할아버지를 닮았다며 눈물을 감추는 여식의 모습이 대비되어 나타난다. 이는 아이의 순수한 애정과 어른의 절제된 슬픔을 동시에 보여주어 감동을 깊이를 더해 주고 있다. 이 시에서 "하현달"은 특별히 중요한 상징적 의미를 갖는 단어이다. 하현달은 추석 이후 점점 작아지는 달로, 이를 빌려 늙어가는 할비의 모습을 명절의 끝과 이별의 정서로 함축한다. 달이 "따라나선다"는 표현은 할아버지의 마음이 떠나는 가족들과 함께 가고 있음을 시적으로 형상화한 것이면서 또 한편으로 이 장면은 자연과 인간의 정서가 하나가 되는 물아일체의 순간을 포착한 것이기도 하다.

　　우리 집은
　　삼대가 함께 살아요

　　초침 분침 시침

　　빨리빨리
　　뚜벅뚜벅
　　엉금엉금

　　시간을 끌고 가는 손주
　　시간을 잃어버린 아버지
　　시간에 끌려가는 할아버지

　　재깍재깍지깍

　　우리 집은
　　삼대가 함께 살아요
　　ー「벽시계」 전문

　　이 시는 삼대가 시인이 사는 집의 벽시계를 통해 각 세대의 시간 감각과 삶의 리듬을 섬세하게 그려낸 작품이다. 시인은 "삼대가 함께 살아요"라고 말하고 있지만, 사실은 실제로 같이 살고 있다기보다는 삼대가 모두 벽에 걸려있는 벽시계를 보고 살았다는 점을 생각하며 시인은 그들과 함께 있다고 상상한다. 시인은 이 벽시계라는 일상적 소재를 통해 한 집 안에서도 세대별로 다른 시간 체험을 하고 있음을 보여주고 있다. 아직 어린 손주 세대에게 시간은 "**빨리빨리**"의 리듬으로 아버지라는 중년 세대에게는 "**뚜벅뚜벅**"이라는 안단테의 속도로 그리고 할아버지라는 노년의 세대에게는 느린 걸음에 맞는 속도로 흘러간다. 이는 같은 시간을 공유하면서도 각자 다른 속도와 방향으로 시간을 경험하는 삼대의 모습을 대조적으로 그려내어, 시간의 상대성과 세대 간의 차이를 보여준 것이기도 하면서, 자신의 삶의 여정을 돌아보며, 일생을 통해 어떤 시간관으로 살아왔는지 돌아보는 성찰의 표현이기도 하다. 특히 시계의 "초침 분침 시침"의 반복과 "재깍재깍재깍"이라는 의성어가 시 전체의 리듬을 만들어내며, 벽시계가 내는 소리를 통해 시간의 흐름을 청각적으로 형상화하고 있다. 이런 재미있는 표현은 단순한 리듬감의 재현을 넘어 시간의 본질과 인간 존재의 유한성에 대한 성찰로 이어진다.

   다음 시는 농사일이라는 시인의 일상을 통한 깨달음을 보여주는 수작이다.

논밭 갈아
씨 뿌리고 거두는 일
직장생활도
글을 쓰는 일도 내게는 농사

농사로는 먹고살 수 없다고
젊은이들은 다 떠나고
늙은 껍데기 들만 빈들을 지키고 있다

잡초 뽑다 말고 요즘 젊은이들이 흘린 고뇌의 푸념 새록이다

돈이 되는 일이라면
잡초에게도 견적부 주자는 것

그렇다
내 몸속에 자라고 있는 이 잡초
폐기종, 이놈

과연 너는
내 몸의 일부인가

인연 그 너머에
초록을 찾고 있다
―「새록과 초록사이」 전문

이 시는 시인의 가치관과 삶의 자세를 잘 보여주며 이 시집의 전체적인 정서와 사유를 대표하는 작품이드로 조금 자세히 설명하기로 한다. 이 시에서 시인은 농사일을 단순한 생계 수단이 아닌 내면 성찰의 계기로 삼고 있으며, 그것을 통해 인간 존재와 사회의 가치관 그리고 자아를 반성하는 철

학적 성찰의 장으로 확장하고 있다.

시의 초반부에서 "논밭 갈아/ 씨 뿌리고 거두는 일/ 직장생활도/ 글을 쓰는 일도 내게는 농사"라고 선언하는 시인은, 농사라는 구체적이고 육체적인 노동을 삶의 다양한 국면과 연결 짓는다. '직장생활'과 '글쓰기'라는 이질적이고 비물질적인 활동까지도 '농사'로 등치시키는 이 구절은, 노동 전반을 씨앗을 뿌리고 열매를 거두는 과정으로 이해하고 있음을 보여준다. 이는 농사라는 행위가 단순한 밥벌이를 넘어, 존재의 의미를 규정하는 본질적인 행위임을 의미한다.

하지만 농사로는 "먹고살 수 없다"는 상황은 시인이 체감하는 현실적 고민이다. "젊은이들은 다 떠나고/ 늙은 껍데기들만 빈들을 지키고 있다"는 구절은, 농촌의 공동화와 노동의 가치가 경제적 효율에 밀려 퇴락해가는 우리 사회의 단면을 단적으로 보여주고 있다. 여기서 '껍데기'라는 표현은 단순히 나이 든 육체를 의미하기보다, 탈육화된 노동 주체가 된 이들의 상처받은 자존감의 표현이기도 하다.

이러한 현실 인식은 잡초를 뽑는 장면에서 다시 한번 강조된다. 잡초는 원래 제거의 대상이지만, "요즘 젊은이들이 흘린 고뇌의 푸념"으로 등치되고 있다. 고뇌의 푸념이 잡초처럼 무성해져 결국 돈이 되는 도회지로 다 떠나고 없다. 이런 세태를 시인은 "돈이 되는 일이라면/ 잡초에도 면죄부 주자는 것"이냐고 반문하며 비판한다. 잡초는 무용하다는 이유로 뽑히지만, 역설적으로 모든 것은 유용함의 기준으로 재단되기에 "잡초도 용서"받을 수 있다면, 인간 역시 유용성의 기준으로만 평가받는 비극에 처해 있음을 에둘러 얘기하고 있다.

시인은 이를 자기 몸속에서 자라고 있는 "폐기종"이라는 잡초 같은 병을 통해 좀 더 강력하게 제기하고 있다. "내 몸 속에 자라고 있는 이 잡초/ 폐기종, 이놈/ 과연 너는/ 내 몸의 일부인가"라는 구절이 이를 말해준다. 여기서 잡초는 단순한 식물일 뿐 아니라 시인 자신의 몸속에서 자리잡고 있는 병이기도 하고, 또 자신의 심중에 꽈리를 틀고 있는 탐진치, 삼독을 이름한다 할 수 있겠다. 하지만 시인은 그런 잡초 역시 '내 몸의 일부'인지 자문하며, 자기 내부의 어두운 면과도 공존하거나 화해하려는 자세를 취한다.

이러한 자세는 마지막 연이 보여준 사유와도 연결된다. 마지막 연에서 "인연 그 너머에/ 초록을 찾고 있다"고 말하는 대목은, 단순히 개인의 인간관계를 넘어, 현실 너머의 더 근원적인 생명과 순수를 지향하는 태도다. '초록'은 생명의 색이며 희망의 상징이다. 농사라는 삶의 가장 구체적인 활동을 통해 화자는 오히려 '초록'이라는 추상적 이상을 향해 나아가고 있다. 그리고 초록과 새록이라는 유음이의어를 통해 잡초와 초록 사이, 무용함과 생명력 사이, 현실과 이상 사이에서 시인은 진정한 '삶의 자리'를 묻고 있으며, 그 질문 자체가 이미 하나의 윤리적 성찰이자 시로 만든 '언어의 농사'이기도 하다.

3. 자신을 비우고 도달한 고요

시인의 시적 구도 과정에서 가장 중요한 것은 자아를 비우는 것이다. 다음 시가 이를 말해주고 있다.

아직도 잔설 위에는
고라니 발자국 선명하다
뫗고를 기다리고 있다

뫗고는 나의 애견
그리고 내가 짖고 있는 화두

녀석은 고라니와
어울려 앞서거니 뒤서거니
탑돌이 하던 나의 도반이었는데

달포 전
감쪽같이 사라졌다
그 후 토굴은 빈 주막이었다

적막을 깔고 앉아
비몽사몽 어둠을 짖고 있다

뫗고 이 녀석
갑자기 눈앞에 나타나
술상 내놓으란다

주거니 받거니
선정에 취해
어둠을 밝히고 있다
―「적막을 깔고 앉아」 전문

이 시는 고요와 무無의 경지에 이르는 한 수행자의 내면 풍경을 다룬 작품으로 읽을 수 있다. 시인은 단순히 반려견을 잃은 상실의 감정을 노래하는 것이 아니라, 그 부재를 통해 도道의 자리에 도달해 가는 과정을 상징적 언어로 말하고 있다. 시의 배경은 "잔설 위의 고라니 발자국"과 "빈 주막 같은 토굴"이라는 빈 자연으로 그려져 있다. "달포 전 감쪽같이 사라진" 애견 '뭣고'는 단순한 동물이 아니라, 화두로 지어진 존재이며 수행의 도반이다. 이 존재의 사라짐은 단순한 이별이 아니라, 무의 상태, 즉 어떤 깨달음을 위한 비움의 단계를 의미한다. 상실의 공간이 곧 명상과 수행의 공간으로 전이됐음을 말해주는 "그 후 토굴은 빈 주막이었다"라는 구절에서 이를 확인할 수 있다. 시인의 반려견 '뭣고'는 선불교에서 자주 등장하는 화두로, "이게 무엇인가", 또는 "나는 누구인가"를 묻는 질문이다. 즉, 시 속의 '뭣그'는 애견이자 화두이며, 함께 탑돌이를 하던 수행의 동반자이다.

　그러나 그 뭣고가 사라지고, 시인은 "적막을 깔고 앉아/ 비몽사몽 어둠을 짖고 있다"고 말한다. 이는 명상의 상태, 혹은 무념무상의 경지, 심지어 현실과 환상이 분간되지 않는 무의 상태를 표현한 장면이다. 이 어둠은 부정적 상실이 아니라 내면을 채우는 어떤 존재론적 공백을 말하는 것이 아닌가 한다. 결국, 시인은 그 적막 속에서 뭣고를 다시 마주하게 된다. 그리고 뭐고는 "갑자기 눈앞에 나타나/ 술상 내놓으란다" '슬상'은 시인과 뭣고가 주거니 받거니 나누는 선문답적 대화의 장면으로 읽힐 수 있으며, 이어지는 "선정에 취해/ 어둠을 밝히고 있다"는 구절은 명상의 깊은 상태에서 무無 그 자체가 빛나는 어떤 자각으로 전환되는 순간을 보여준다. 그 순간은 "어둠을 밝히"는 선정의 경지에서 느끼는 환희의 순간이기도 하다.

다음 시는 말과 침묵의 관계를 통해 비움의 의미를 좀 더 구체화한다.

제1대구치가 부러졌다
거친 생각 씹다가
그만 허방을 씹고 말았다

인프란트해야 한다

마취 끝내고
잔인한 발치소리
인공치아 심을 때까지
욱신욱신 아려오는 환상통幻想痛

삼시 세 때 씹는 일은 빙산의 일각
자나 깨나 초원을 날뛰는 말의 코 꿰 잡아 길들이는 치아의 하루

음식 잘못 씹으면 소화불량에 그치지만 생각 잘못 씹어 뱉어 놓으면 흉기가 되어 내 목을 베고 독사가 되어 기어 다니는 말, 말의 세상

공자도 씹고
니체도 씹고

십자가도 돌부처도 씹어
곱게 갈아 내뱉어 놓은

말몰이 침묵
―「말몰이 침묵」 전문

 시인은 이가 부러진 일상적 사건에서 언어의 본질을 성찰한다. 첫 연 "제1대구치가 부러졌다/ 거친 생각 씹다가/ 그만 허방을 씹고 말았다"는 구절은 말 이전의 내면 행위, 곧 '사유'를 '씹는 행위'의 미숙함을 말하고 있다. 여기서 '제1대구치'는 사람의 어금니 중 가장 중요한 치아로, 생각과 감정을 숙성시켜 언어화하는 역할의 비유로 읽을 수 있다. 즉, 말은 단순히 입 밖으로 나오는 것이 아니라 내면에서 갈리고 다져져야 하는데, 그 과정의 실패가 치아의 과열로 나타난 것이다. 이는 말하기 이전의 고통, 혹은 잘못된 말의 결과로서의 상처를 상징한다. 그래서 결국 시인이 도달하는 것은 "말몰이 침묵"이다. 말語을 말馬처럼 길들여 침묵에 이르고자 한다. 그런데 여기서 침묵은 단순한 무언이 아니라, 수많은 말을 내면에서 곱씹고 길들인 끝에 도달하는 궁극의 경지이다. 침묵은 말의 무력함이 아니라, 오히려 말의 위험과 가능성을 인식한 자만이 도달할 수 있는 고요한 통제라는 것이다. 즉, 말은 길들여져야 하고, 그 길들임의 끝에는 함부로 말하지 않는 자의 침묵이 존재한다.
 「말 그 너머에」라는 시에서도 같은 주제가 이어진다. 롯데월드타워라는 현대 문명의 상징 앞에서 시인은 '진리는 말 밖에 있는 것"이라고 단언한다. 부처님의 법문 "무릇 형상이 있는 것은/ 모두가 다 허망하다"는 금강경의 구절은 현상 너머에 존재하는 진리를 추구하는 시인의 의지를 대신한다.

이 시집의 표제작 「無我의 강」에서 시인은 궁극적인 깨달음의 경지를 다음과 같이 보여준다.

    집착에
    삼 씨三時 갈아
    허공에 난을 친다

    時香도
    내 것이 아닌데
    난향은 늬것이란 말인가

    나그네
    천강을 걸어
    바다로 가고 있다

    배타적인
    배타적인
    배타적인 강물의 숨소리

    존재는
    피었다 지는 꽃
    제행무상諸行無常

    변하지 않는 것은

오직 '변하는 것'뿐

뎃장에
새싹이 돋고
다시 죽어 으고 간다

나그네
파도 속에
여장旅裝을 푼다

가느라
가노라
이 사바세계를 떠나
저 피안의 언덕으로 가노라
—「無我의 강」 전문

  이 시 「無我의 강」은 제목에서 드러나듯, 자아의 해체와 무無의 경지를 지향하는 사유의 흐름을 따라 전개된다. 시적 화자는 '무아無我'의 강을 건너는 '나그네'로 형상화되며, 시간과 존재, 변화와 소멸 그리고 무소유의 철학을 막힘없이 관통한다. "時香도/ 내 것이 아닌데/ 난향은 늬것이란 말인가"에서 '시향時香'과 '난향蘭香'은 아름다움 혹은 정신의 향기 같은 비물질적 속성을 가리키는 동시에, 소유에 대한 집착의 대상이기도 하다. 그러나 시인은 그것조차 '내 것'이 아님을 깨닫고 있다. 또한, 시인은 자신을 '나그네'로 지칭한다. "천강을 걸어/ 바다로 가고 있다"는 구절은 윤회와 생멸의 흐름 속을 부유하는 무상한 존재의 자각을 의미한다. '천강'은 천 개의 강이기도 하고 하늘의 강이기도 하다. 즉 모든 강이 결국에는 바다로 흘러가듯이 모든 존재는 사라져 하늘로 올라간다는 자연의 이치에 순응할 수밖에 없는 우리 인간의 조건에 대한 시적 이미지이다. 이 모든 흐름을 지켜보는 나그네인 시인은 더 이상 자아에 갇히지 않고 나를 버린 무위無爲 존재이기를 꿈꾸고 있다.

4. 맺으며

김형식 시인의 『無我의 강』은 자연과의 교감을 통해 얻은 허정虛靜의 세계를 형상화한 주목할 만한 시집이다. 시인은 일상의 평범한 순간들에서 깊은 지혜를 찾아내고, 자아를 비우는 과정을 통해 참된 고요에 이른다. 농촌을 배경으로 하는 자연의 삶에서 얻게 된 삶에의 성찰이 김형식 시인의 시적 출발이지만, 그의 자연 인식은 단순한 서정적 감상을 넘어 존재의 본질에 대한 철학적 성찰로 이어진다. 이 시집에서 인생은 끊임없는 여행이며, 그 여행의 목적지는 무아의 경지이다.

길 아닌 길은 없다
파랑새 한 마리 꺼내 들고 날려 보낸다

3조 승찬대사와 마주한다
―「길」부분

시인은 "길 아닌 길은 없다"고 선언하며 승찬대사와 마주한다. 이런 시인의 모습은 자연 속에서 도를 깨닫는 구도자의 모습 다름 아니다. 승찬대사는 선불교의 3조이다. 시인이 시를 통해 길 아닌 길을 찾아 마침내 찾은 곳은 바로 그를 만나는 깨달음의 지점이다. 거기에서 시인은 나를 비워 무아와 고요의 경지에 도달한다. 이렇듯 허두와 고요는 이 시집의 핵심 정서이다. 그러나 이것은 절망적 허무가 아니라 모든 집착을 버리고 도달한 적극적 무의 경지이다. 이런 이 김형식 시인의 정서는 이 시집 9부에 실린 詩聖 한하운 발제문에도 여실히 드러난다. 한하운 시인은 승찬대사와 마찬가지로 문둥병(한센병) 환자였다. 그는 하늘이 내린 천형 한센병을 안고 살아가면서 이름과 명예를 좇지 않았으며 자기마저 버린 시인이다. 그는 파랑새. 보리피리. 전라도 길. 목숨 등 주옥같은 명시를 남겼을 뿐 아니라 한센병 치유자들이 희망을 잃지 않고 살아갈 수 있도록 성계원을 설립하는 등 스스로 보살행을 실천한 분이다. 김형식 시인이 9부에 詩聖 한하운을 애써 소개하는 이유도 바로 이런 점에서일 것이다. 김형식 시인의 이번 시집은 이런 한하운 시인의 정신을 다시 계승한다는 점에서도 무척 뜻깊다 할 수 있다.

김형식 시인은 이 시집을 통해 현대인들에게 잃어버린 고요와 성찰의 가치를 일깨워준다. 빠르게 변화하는 현대 문명 속에서 자연의 소리에 귀 기울이고, 일상의 작은 깨달음들을 소중히 여기며, 궁극적으로 그는 무아의 경지에 이르는 삶의 방향을 제시한다. 『無我의 강』은 진정한 자유와 평화를 추구하는 모든 이들에게 깊은 울림을 주는 시집이다.

김 형 식

김형식 시인은 전남 고흥에서 태어나 전남대학교 농경제학과와 무불선학대 대학원을 졸업했다. 해인총림 고경총서 37권과 성철 스님의 법어집 11권에 심취한 뒤 불가에 입문했으며, 말과 글을 삼가고 강원 심산에서 20여 년간 칩거해온 공부인이다. 성철 스님의 몽중 상좌로, 해인총림 수좌 원융 대선사로부터 법명 '인묵印默'을 받은 재가불자다.

그는 詩聖 한하운의 발제자로, 시성·한하운문학회 '보리피리' 편집주간, 고흥문학회 초대회장, 『詩서울』 자문위원장과 월간문학상 선정위원장을 역임했다. 또한 한국문인협회 제도개선위원, 국제펜클럽 회원, 매헌 윤봉길사업회 지도위원, 『한강문학』 편집위원, 『대지문학』 심사위원, 불아문 부회장으로 활동 중이다.

1969년 『현대문학』 창작입문과정을 이수했고, 2015년 『불교문학』에 「그림자 둥지」 외 4편으로 시 등단, 2020년에는 『한강문학』에 「詩聖 한하운의 시 '어머니'에 대한 소고」로 평론가로도 등단했다. 시집으로는 『그림자 하늘을 품다』, 『오계의 대화』, 『광화문 솟대』, 『글, 그 씨앗의 노래』, 『인두금의 소리』, 『성탄절에 108배』, 『질문』 등이 있다.

제8시집 『無我의 강』은 일상에서 마주한 자연과의 깊은 교감을 통해 '허정虛靜'의 세계에 이르는 과정을 섬세하게 그려낸다. 이 시집에서 시인은 평범한 일상 속 순간들에서 깨달음을 모색하는 구도자의 모습을 드러내며, 자연과 인간, 존재와 무無, 허무와 고요 같은 대립적 개념을 통해 삶의 본질을 탐구하고 있다.

이메일   hyeongsik2606@daum.net

김형식 시집
無我의 강

발 행	2025년 8월 7일
지 은 이	김형식
펴 낸 이	반송림
편집디자인	반송림
펴 낸 곳	도서출판 지혜, 계간시전문지 애지
기획위원	반경환
주 소	34624 대전광역시 동구 태전로 57, 2층 도서출판 지혜
전 화	042-625-1140
팩 스	042-627-1140
전자우편	eji@ji-hye.com
	ejisarang@hanmail.net
애지카페	cafe.daum.net/ejiliterature

ISBN   979-11-5728-581-5   03810
값   12,000원

이 책의 판권은 지은이와 도서출판 지혜에 있습니다.
양측의 서면 동의 없는 무단전재 및 복제를 금합니다.